2021 CALENDAR

FRANZ MARC

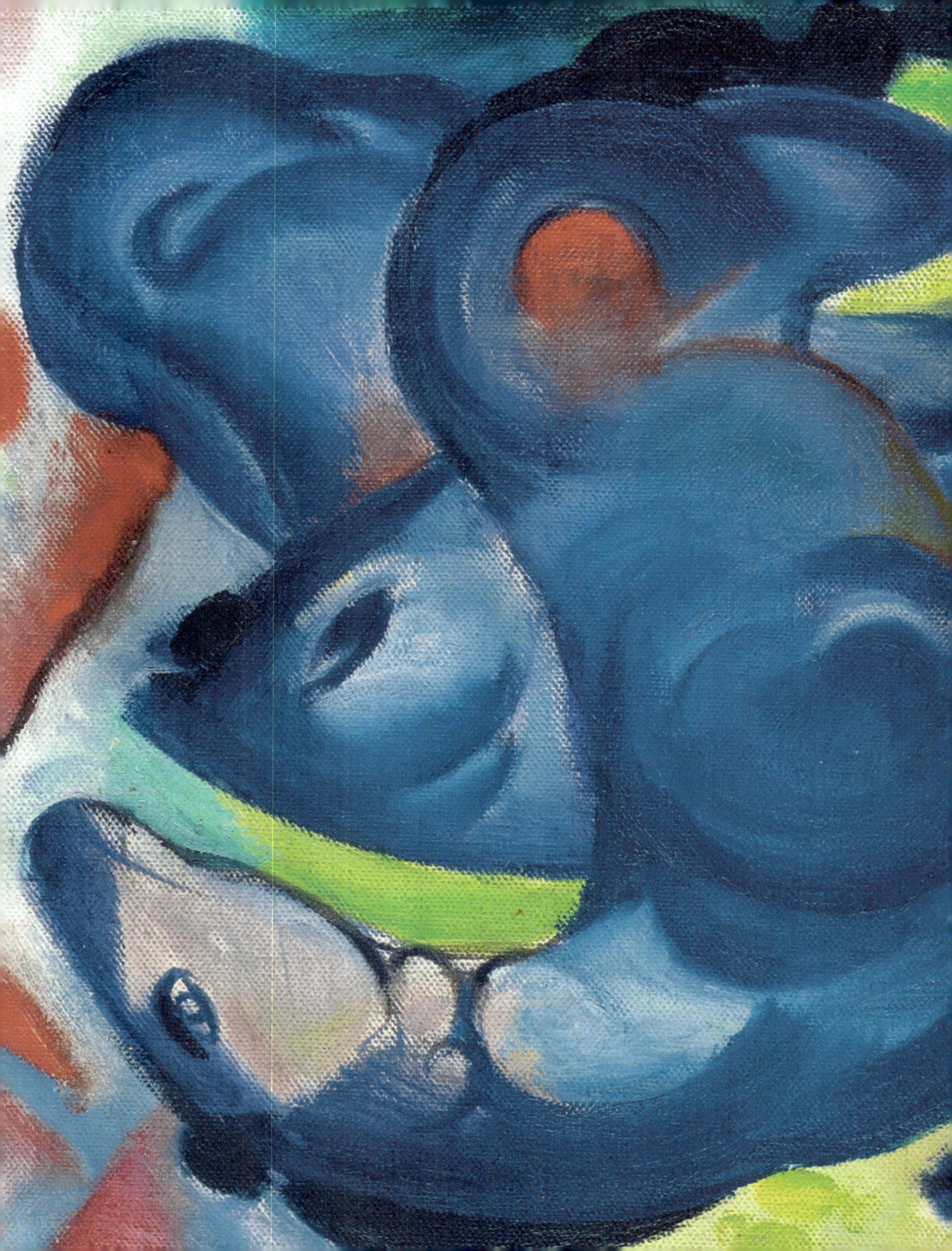

The blue foals, oil on canvas, 1913

SUNDAY	MONDAY	TUESDAY	WEDNESDAY	THURSDAY	FRIDAY	SATURDAY
27	28	29	30	31	1 NEW YEAR'S DAY	2
3	4	5	6	7	8	9
10	11	12	13	14	15	16
17	18 M L KING DAY	19	20	21	22	23
24	25	26	27	28	29	30
31	1	2	3	4	5	6

FEBRUARY 2021

SU	MO	TU	WE	TH	FR	SA
31	1	2	3	4	5	6
7	8	9	10	11	12	13
14	15	16	17	18	19	20
21	22	23	24	25	26	27
28	1	2	3	4	5	6

JANUARY 2021

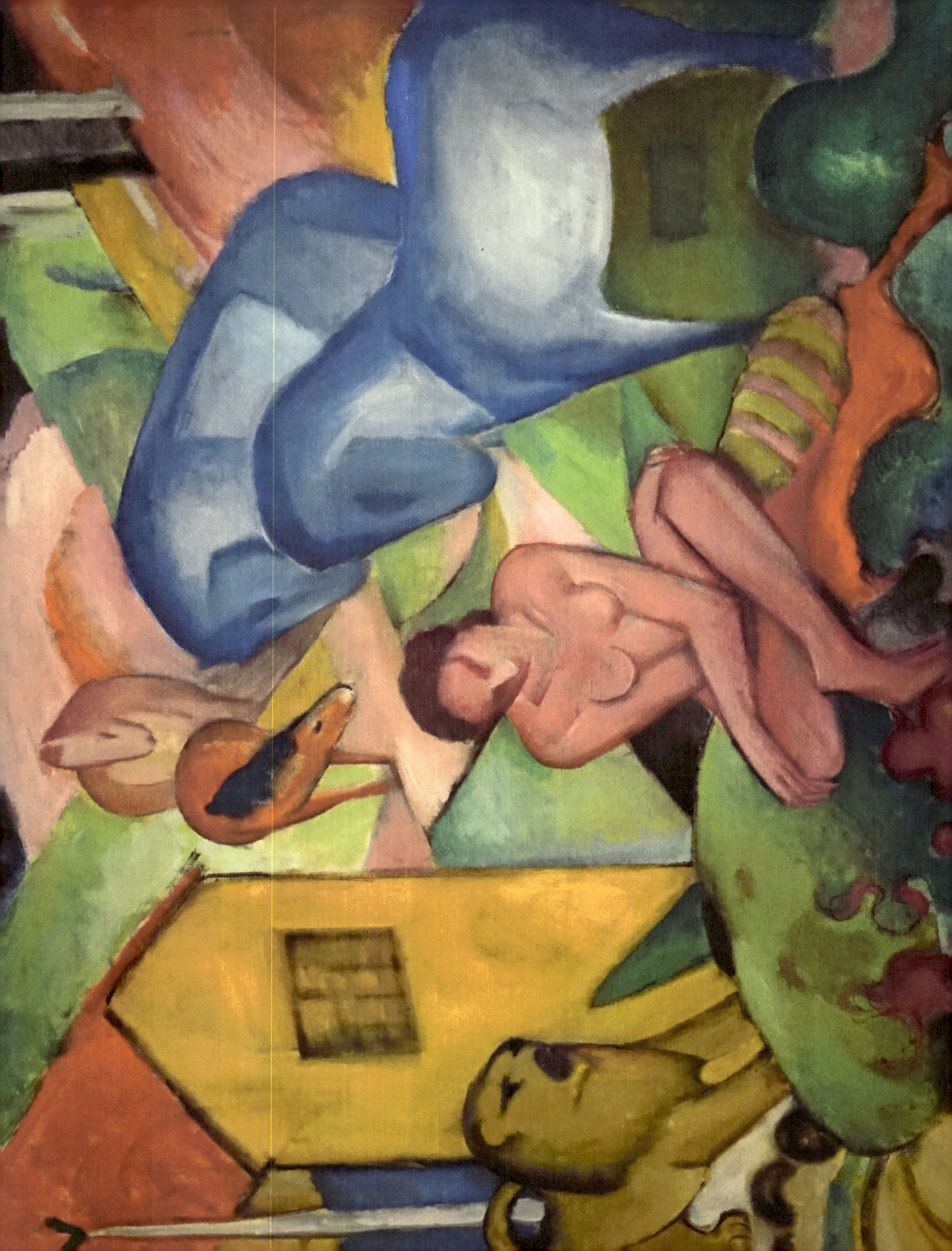

SUNDAY	MONDAY	TUESDAY	WEDNESDAY	THURSDAY	FRIDAY	SATURDAY
31	1	2	3	4	5	6
7	8	9	10	11	12	13
14 VALENTINE'S DAY	15 PRESIDENT'S DAY	16	17	18	19	20
21	22	23	24	25	26	27
28	1	2	3	4	5	6

MARCH 2021

SU	MO	TU	WE	TH	FR	SA
28	1	2	3	4	5	6
7	8	9	10	11	12	13
14	15	16	17	18	19	20
21	22	23	24	25	26	27
28	29	30	31	1	2	3

FEBRUARY 2021

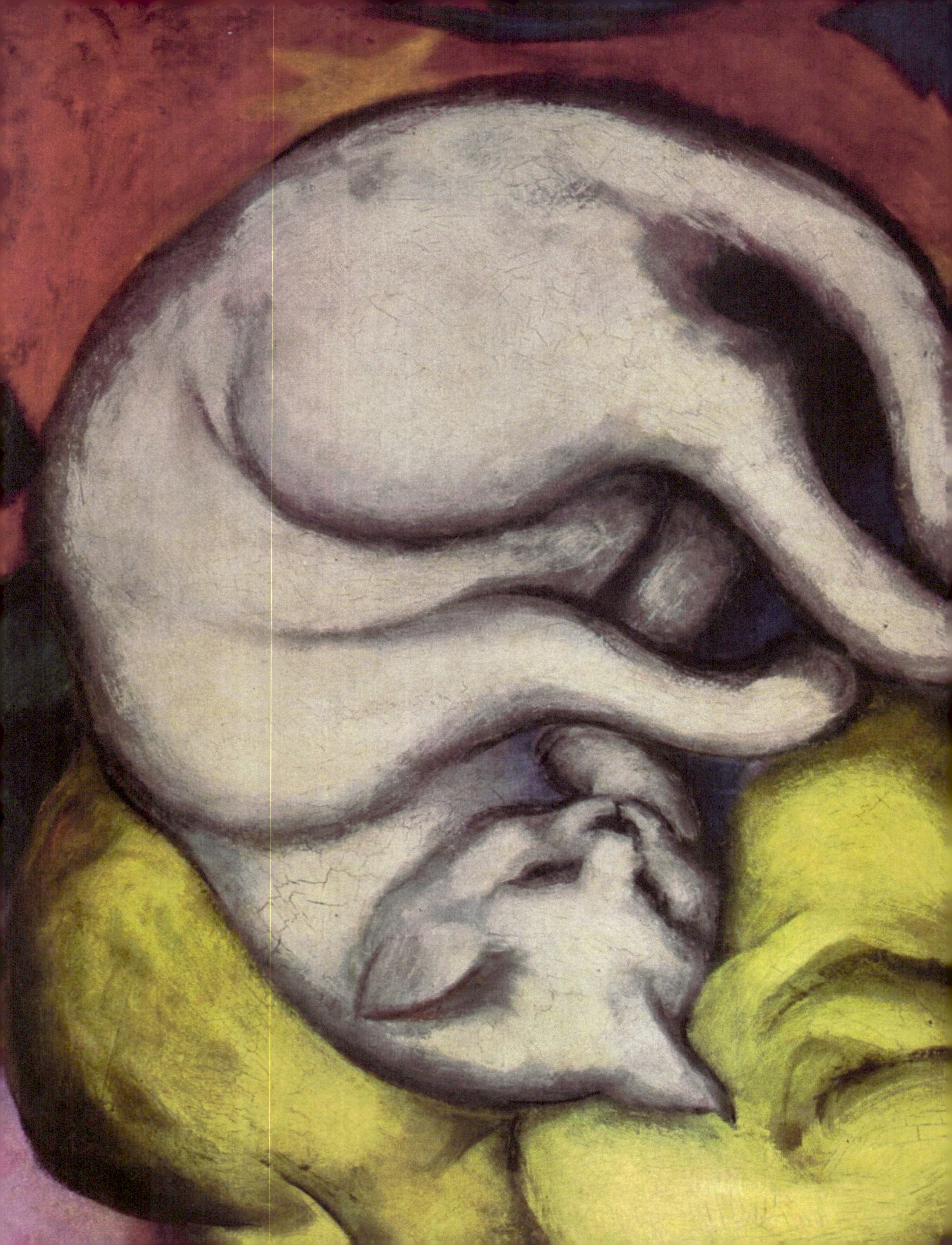

SUNDAY	MONDAY	TUESDAY	WEDNESDAY	THURSDAY	FRIDAY	SATURDAY
28	1	2	3	4	5	6
7	8	9	10	11	12	13
14	15	16	17	18	19	20
21	22	23	24	25	26	27
28	29	30	31	1	2	3

APRIL 2021

SU	MO	TU	WE	TH	FR	SA
28	29	30	31	1	2	3
4	5	6	7	8	9	10
11	12	13	14	15	16	17
18	19	20	21	22	23	24
25	26	27	28	29	30	1

MARCH 2021

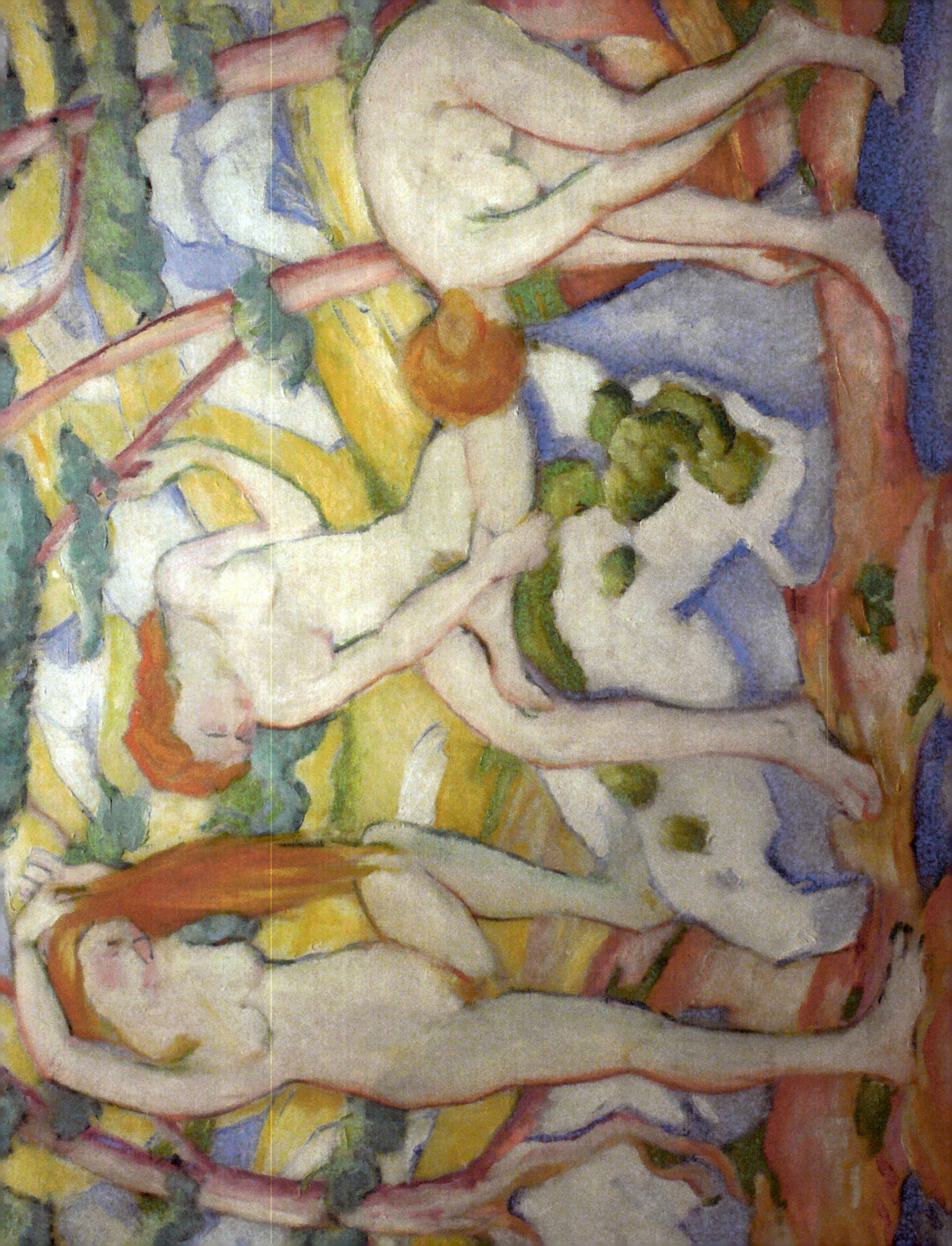

Bathing girls, oil on canvas, 1910

SUNDAY	MONDAY	TUESDAY	WEDNESDAY	THURSDAY	FRIDAY	SATURDAY
28	29	30	31	1	2 GOOD FRIDAY	3
4 EASTER SUNDAY	5	6	7	8	9	10
11	12	13	14	15	16	17
18	19	20	21	22	23	24
25	26	27	28	29	30	1

MAY 2021

SU	MO	TU	WE	TH	FR	SA
25	26	27	28	29	30	1
2	3	4	5	6	7	8
9	10	11	12	13	14	15
16	17	18	19	20	21	22
23	24	25	26	27	28	29
30	31	1	2	3	4	5

APRIL 2021

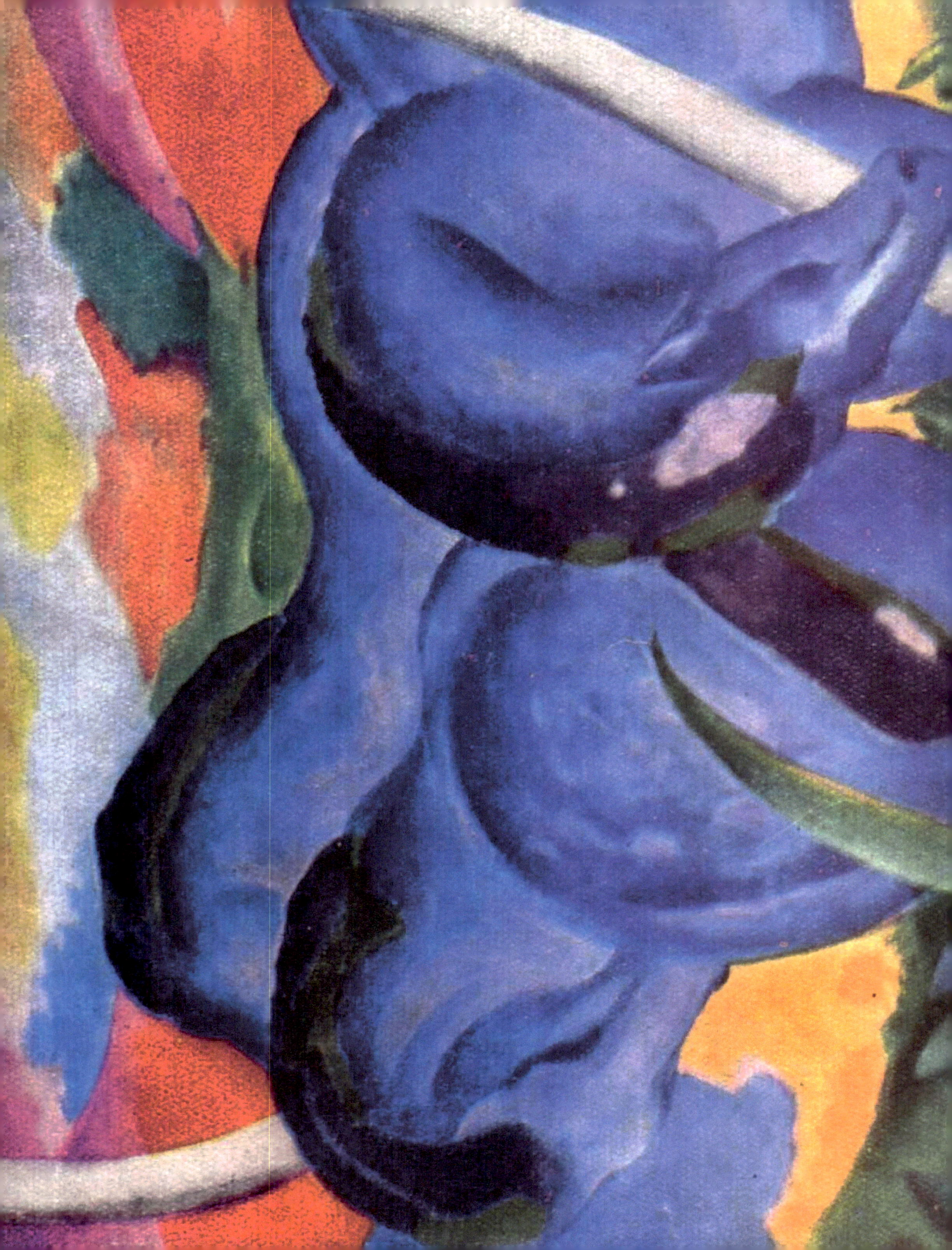

SUNDAY	MONDAY	TUESDAY	WEDNESDAY	THURSDAY	FRIDAY	SATURDAY
25	26	27	28	29	30	1
2	3	4	5	6	7	8
9 MOTHER'S DAY	10	11	12	13	14	15
16	17	18	19	20	21	22
23	24	25	26	27	28	29
30	31 MEMORIAL DAY	1	2	3	4	5

JUNE 2021

SU	MO	TU	WE	TH	FR	SA
30	31	1	2	3	4	5
6	7	8	9	10	11	12
13	14	15	16	17	18	19
20	21	22	23	24	25	26
27	28	29	30	1	2	3

MAY 2021

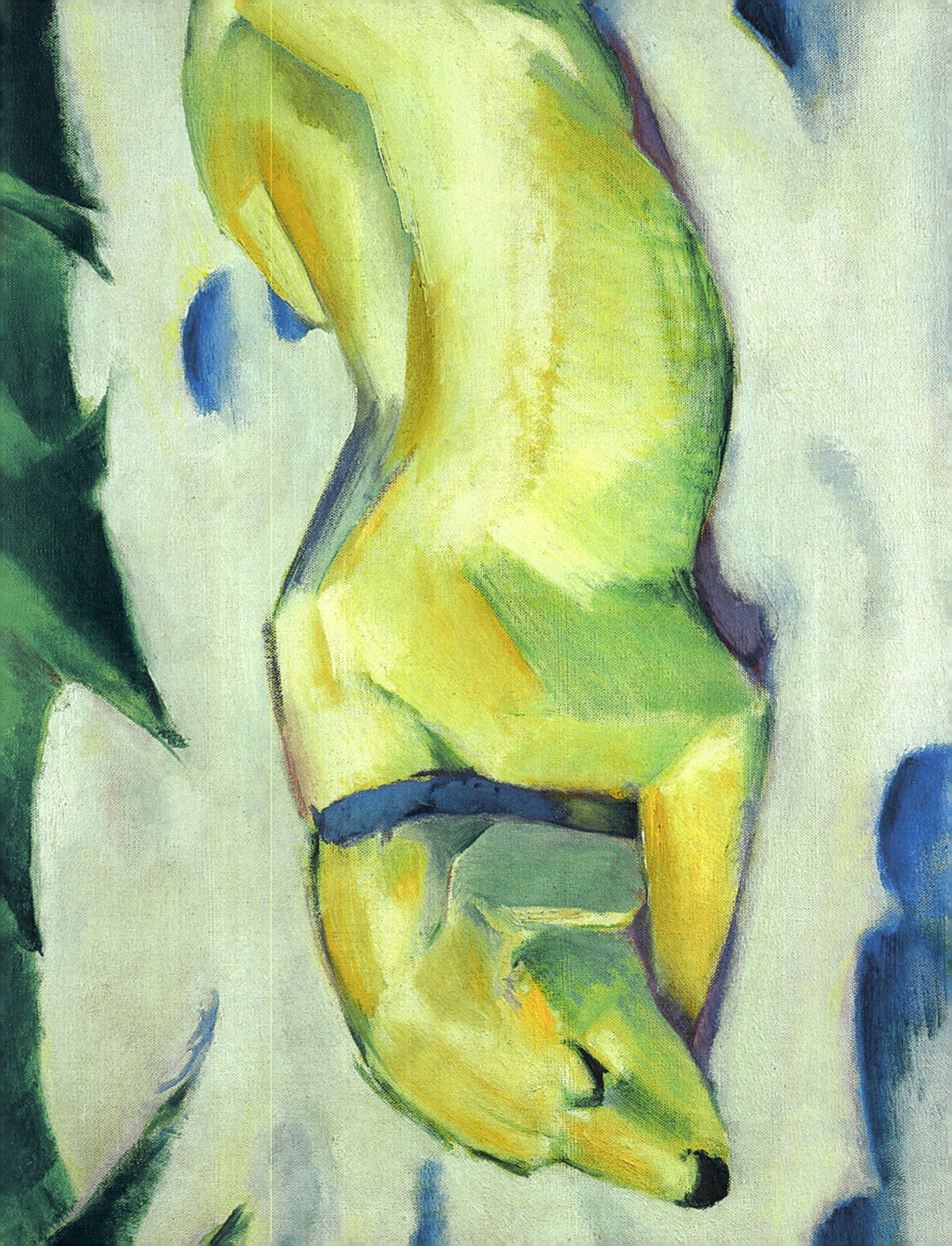

JUNE 2021

SUNDAY	MONDAY	TUESDAY	WEDNESDAY	THURSDAY	FRIDAY	SATURDAY
30	31	1	2	3	4 NATIONAL DONUT DAY	5
6	7	8	9	10	11	12
13	14	15	16	17	18	19
20 FATHER'S DAY	21	22	23	24	25	26
27	28	29	30	1	2	3

JULY 2021

SU	MO	TU	WE	TH	FR	SA
27	28	29	30	1	2	3
4	5	6	7	8	9	10
11	12	13	14	15	16	17
18	19	20	21	22	23	24
25	26	27	28	29	30	31

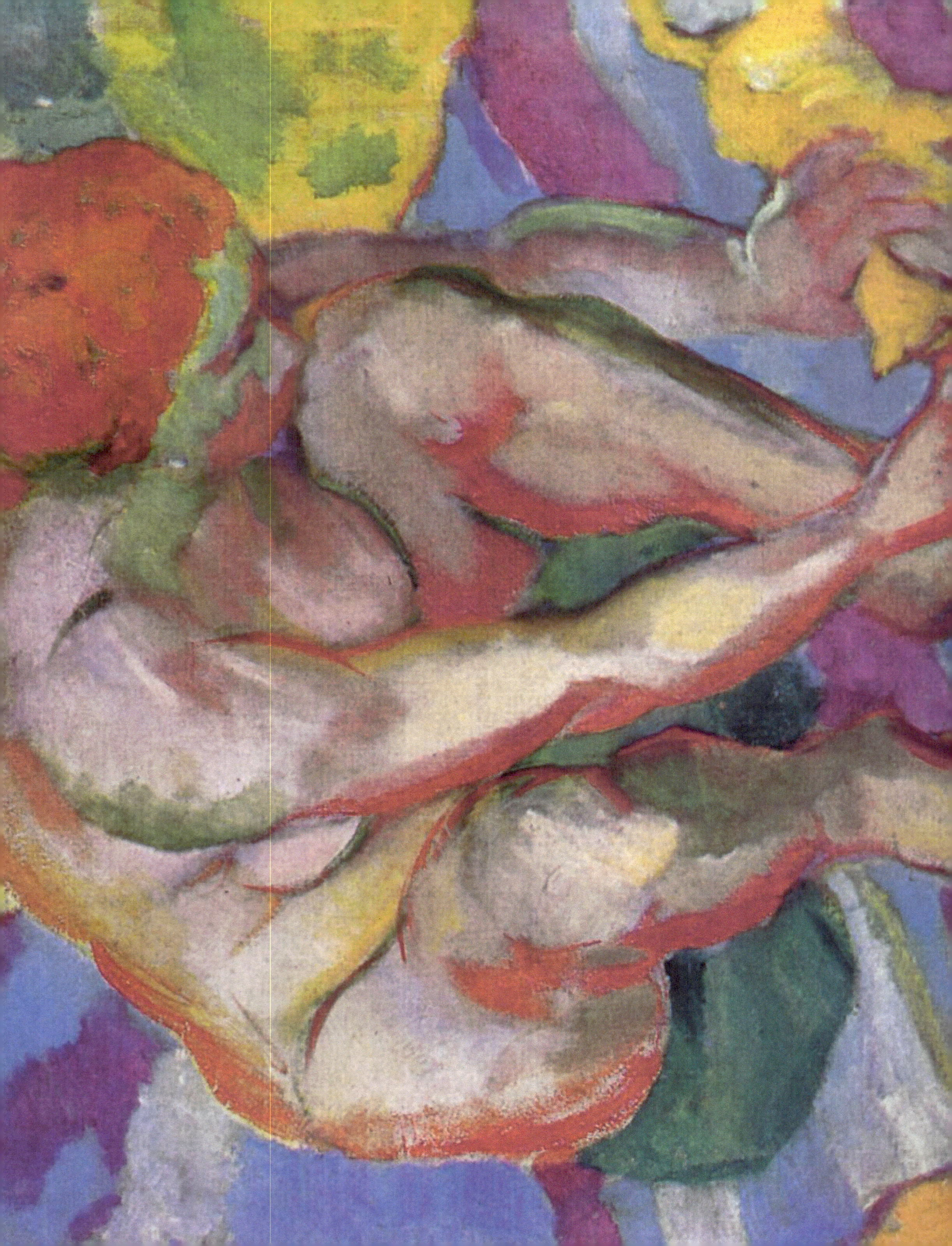

JULY 2021

SUNDAY	MONDAY	TUESDAY	WEDNESDAY	THURSDAY	FRIDAY	SATURDAY
27	28	29	30	1	2	3
4 INDEPENDENCE DAY	5 INDEPENDENCE DAY HOLIDAY	6	7	8	9	10
11	12	13	14	15	16	17
18	19	20	21	22	23	24
25	26	27	28	29	30	31

AUGUST 2021

SU	MO	TU	WE	TH	FR	SA
1	2	3	4	5	6	7
8	9	10	11	12	13	14
15	16	17	18	19	20	21
22	23	24	25	26	27	28
29	30	31	1	2	3	4

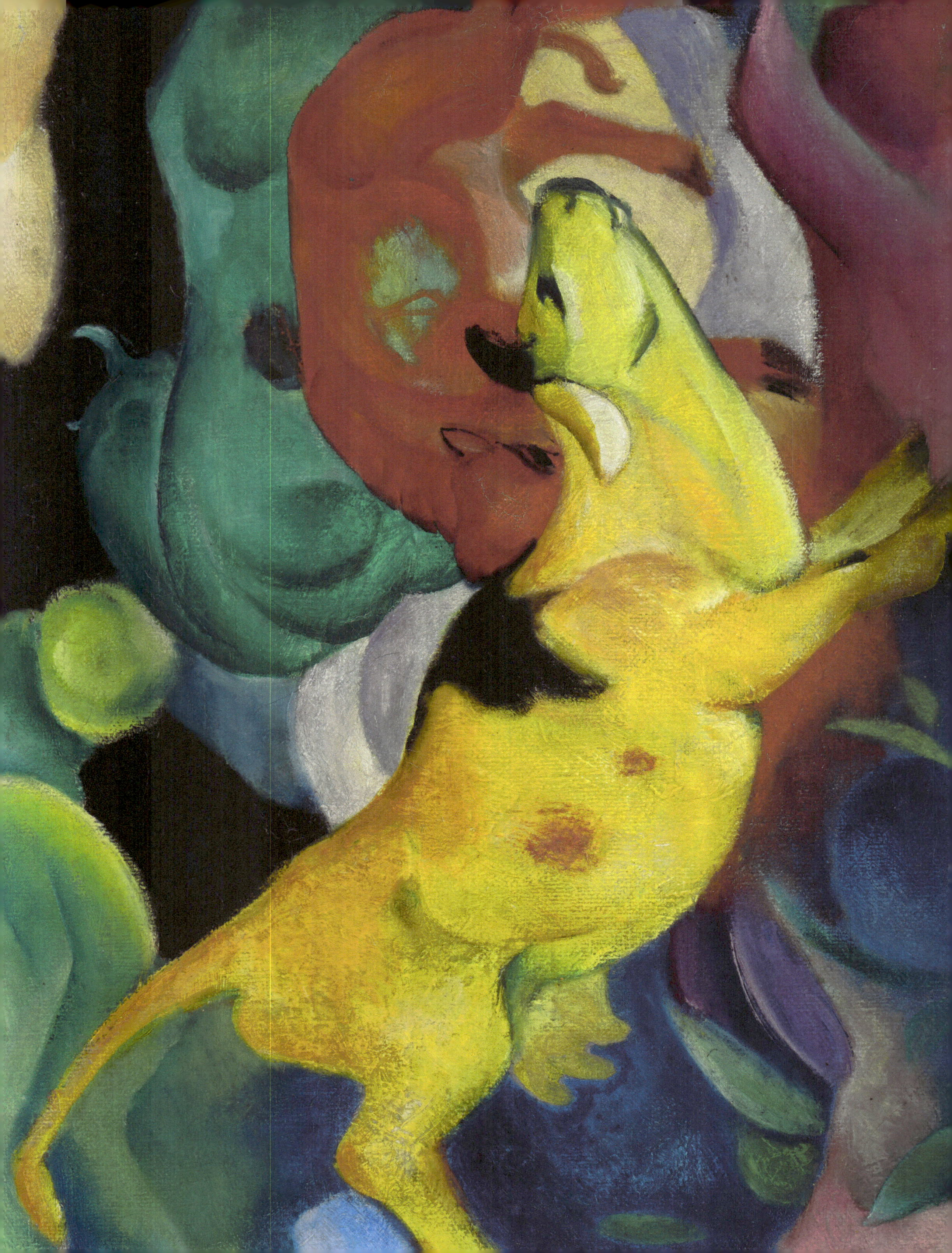

SUNDAY	MONDAY	TUESDAY	WEDNESDAY	THURSDAY	FRIDAY	SATURDAY
1	2	3	4	5	6	7
8	9	10	11	12	13	14
15	16	17	18	19	20	21
22	23	24	25	26	27	28
29	30	31	1	2	3	4

SEPTEMBER 2021

SU	MO	TU	WE	TH	FR	SA
29	30	31	1	2	3	4
5	6	7	8	9	10	11
12	13	14	15	16	17	18
19	20	21	22	23	24	25
26	27	28	29	30	1	2

AUGUST 2021

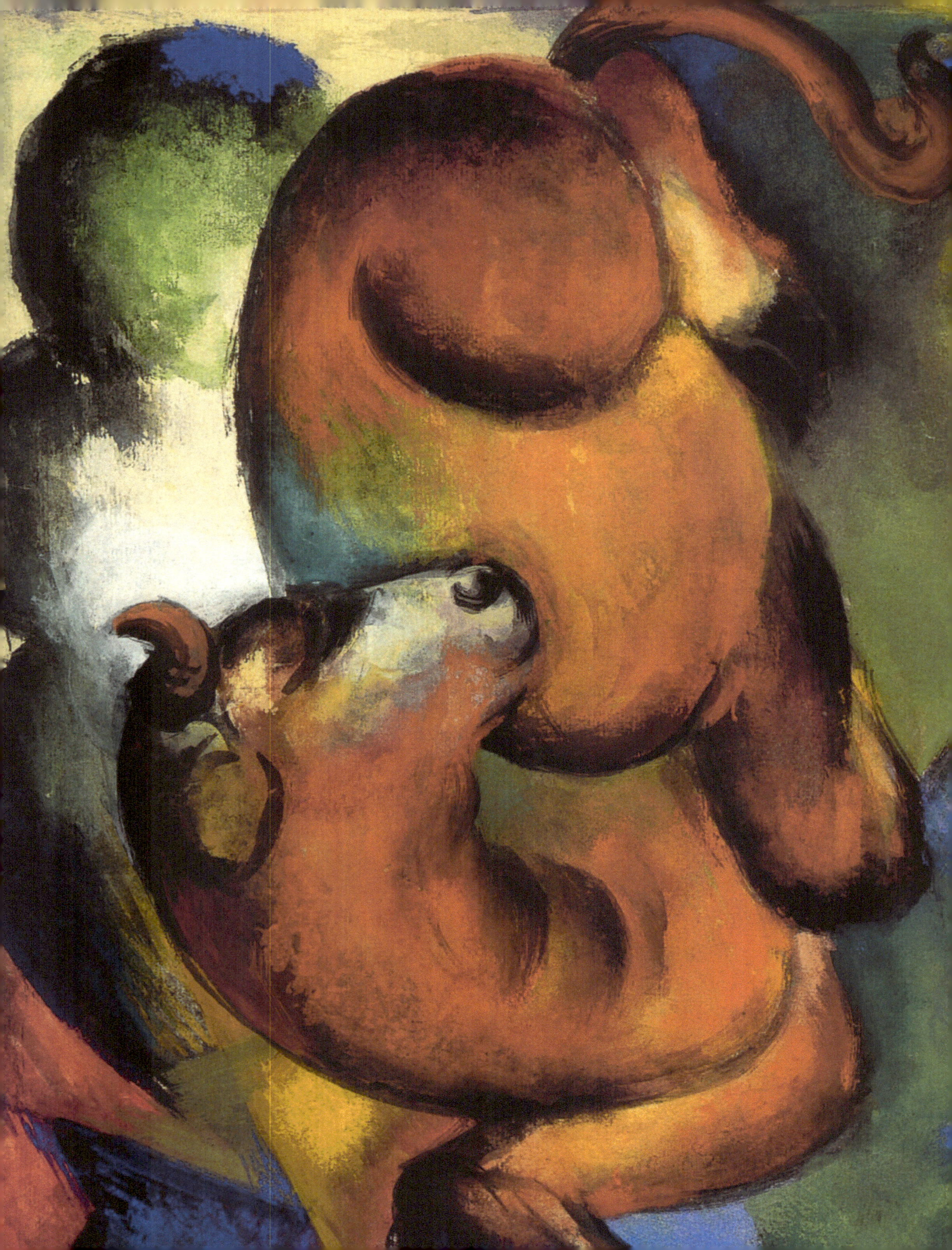

SEPTEMBER 2021

SUNDAY	MONDAY	TUESDAY	WEDNESDAY	THURSDAY	FRIDAY	SATURDAY
29	30	31	1	2	3	4
5	6 LABOR DAY	7	8	9	10	11
12	13	14	15	16	17	18
19	20	21	22	23	24	25
26	27	28	29	30	1	2

OCTOBER 2021

SU	MO	TU	WE	TH	FR	SA
26	27	28	29	30	1	2
3	4	5	6	7	8	9
10	11	12	13	14	15	16
17	18	19	20	21	22	23
24	25	26	27	28	29	30
31	1	2	3	4	5	6

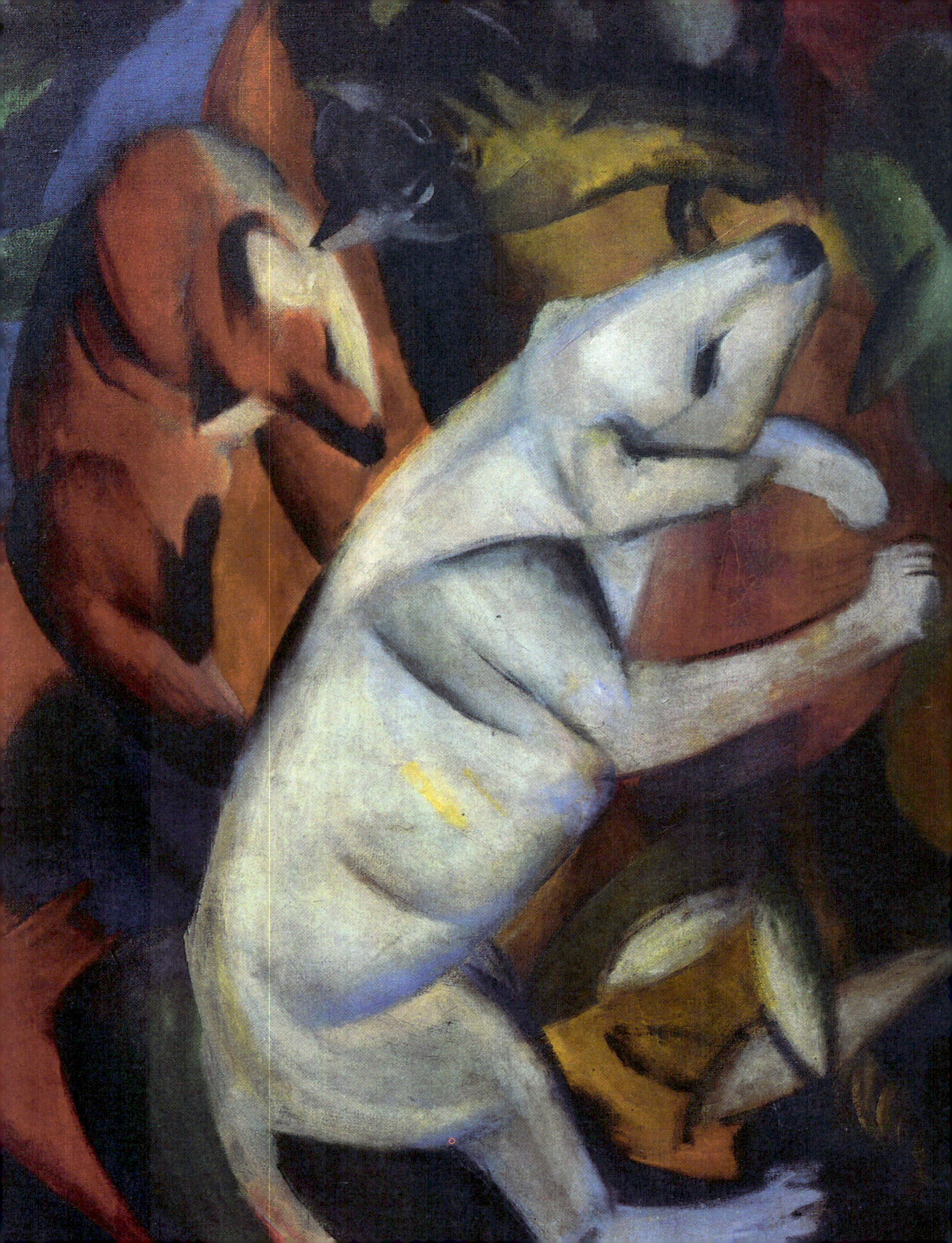

Three animals, oil on canvas, 1912

OCTOBER 2021

SUNDAY	MONDAY	TUESDAY	WEDNESDAY	THURSDAY	FRIDAY	SATURDAY
26	27	28	29	30	1	2
3	4	5	6	7	8	9
10	11 COLUMBUS DAY	12	13	14	15	16
17	18	19	20	21	22	23
24	25	26	27	28	29	30
31 HALLOWEEN	1	2	3	4	5	6

NOVEMBER 2021

SU	MO	TU	WE	TH	FR	SA
31	1	2	3	4	5	6
7	8	9	10	11	12	13
14	15	16	17	18	19	20
21	22	23	24	25	26	27
28	29	30	1	2	3	4

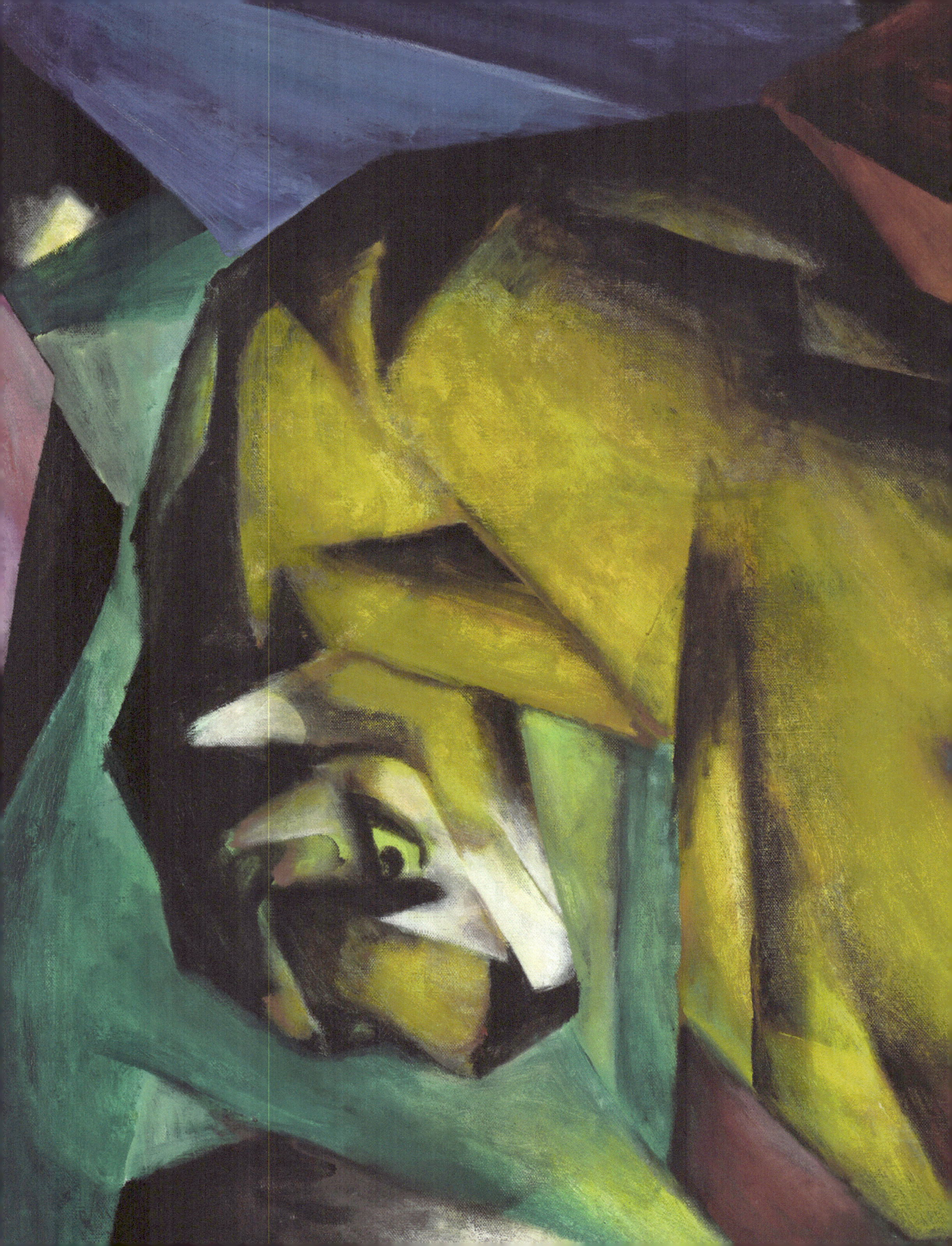

SUNDAY	MONDAY	TUESDAY	WEDNESDAY	THURSDAY	FRIDAY	SATURDAY
31	1	2	3	4	5	6
7	8	9	10	11 VETERAN'S DAY	12	13
14	15	16	17	18	19	20
21	22	23	24	25 THANKSGIVING DAY	26	27
28	29	30	1	2	3	4

DECEMBER 2021

SU	MO	TU	WE	TH	FR	SA
28	29	30	1	2	3	4
5	6	7	8	9	10	11
12	13	14	15	16	17	18
19	20	21	22	23	24	25
26	27	28	29	30	31	1

NOVEMBER 2021

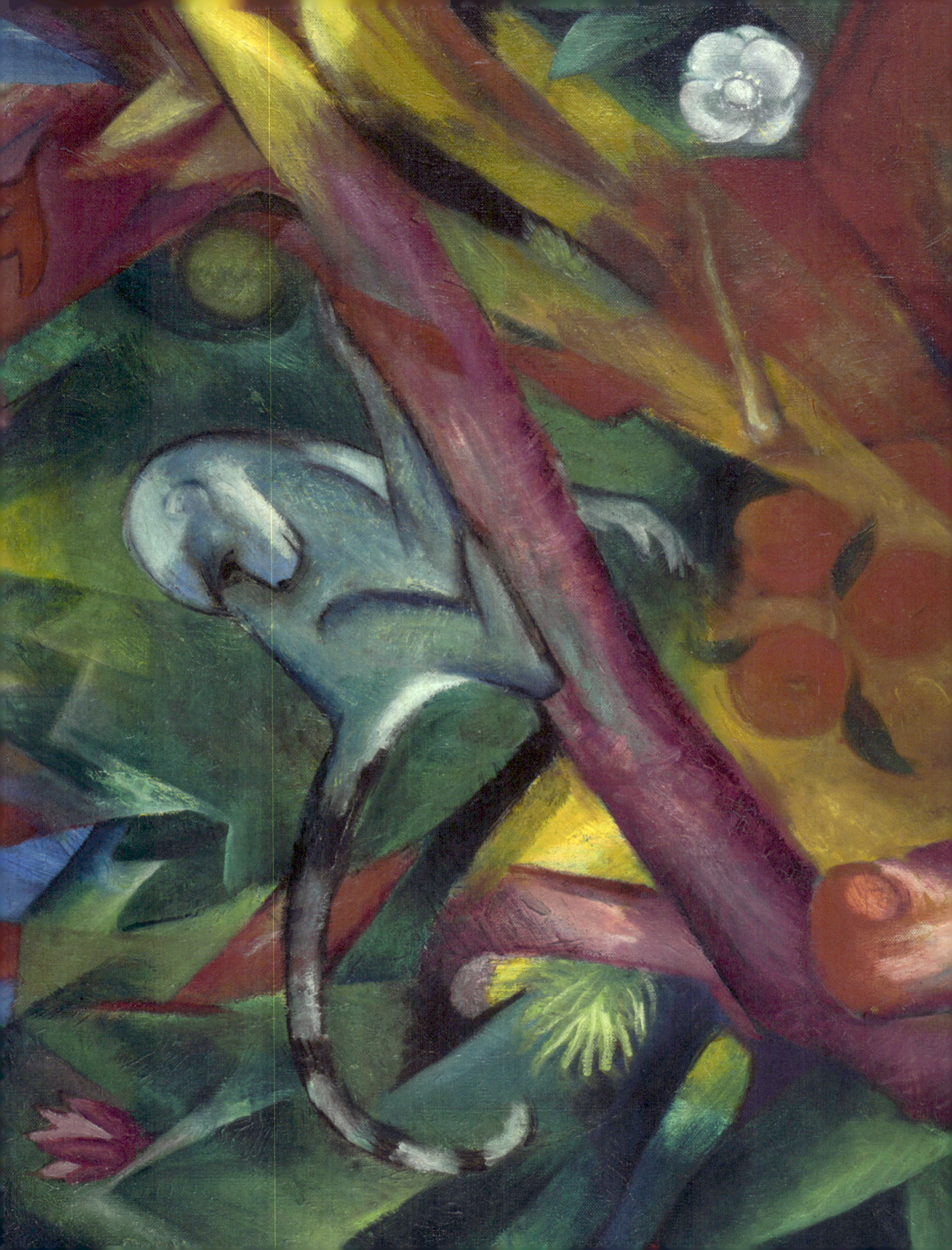

DECEMBER 2021

SUNDAY	MONDAY	TUESDAY	WEDNESDAY	THURSDAY	FRIDAY	SATURDAY
28	29	30	1	2	3	4
5	6	7	8	9	10	11
12	13	14	15	16	17	18
19	20	21	22	23	24	25 CHRISTMAS
26	27	28	29	30	31	1

JANUARY 2022

SU	MO	TU	WE	TH	FR	SA
26	27	28	29	30	31	1
2	3	4	5	6	7	8
9	10	11	12	13	14	15
16	17	18	19	20	21	22
23	24	25	26	27	28	29
30	31	1	2	3	4	5